魏晋玄学『三大派』

吉林出版集团有限责任公司

吉林文史出版社

◎ ◎ 主编 金开诚

◎ 编著 刘 玲

图书在版编目（CIP）数据

魏晋玄学"三大派" / 刘玲编著 . 一长春：吉林
出版集团有限责任公司：吉林文史出版社，2010.11（2022.1重印）
ISBN 978-7-5463-4120-0

Ⅰ.①魏… Ⅱ.①刘… Ⅲ.①玄学－研究－中国－魏
晋南北朝时代 Ⅳ.① B235.05

中国版本图书馆 CIP 数据核字（2010）第 222267 号

魏晋玄学"三大派"

WEIJIN XUANXUE SANDAPAI

主编/ 金开诚　编著/刘 玲

项目负责/崔博华　责任编辑/崔博华　刘姝君

责任校对/刘姝君　装帧设计/柳甬泽　王丽洁

出版发行/吉林文史出版社　吉林出版集团有限责任公司

地址/长春市人民大街4646号　邮编/130021

电话/0431-86037503　传真/0431-86037589

印刷/三河市金兆印刷装订有限公司

版次/2010 年 11 月第 1 版　2022 年 1 月第 5 次印刷

开本/650mm×960mm　1/16

印张/9　字数/30千

书号/ ISBN 978-7-5463-4120-0

定价/34.80元

关于《中国文化知识读本》

文化是一种社会现象，是人类物质文明和精神文明有机融合的产物；同时又是一种历史现象，是社会的历史沉积。当今世界，随着经济全球化进程的加快，人们也越来越重视本民族的文化。我们只有加强对本民族文化的继承和创新，才能更好地弘扬民族精神，增强民族凝聚力。历史经验告诉我们，任何一个民族要想屹立于世界民族之林，必须具有自尊、自信、自强的民族意识。文化是维系一个民族生存和发展的强大动力。一个民族的存在依赖文化，文化的解体就是一个民族的消亡。

随着我国综合国力的日益强大，广大民众对重塑民族自尊心和自豪感的愿望日益迫切。作为民族大家庭中的一员，将源远流长、博大精深的中国文化继承并传播给广大群众，特别是青年一代，是我们出版人义不容辞的责任。

《中国文化知识读本》是由吉林出版集团有限责任公司和吉林文史出版社组织国内知名专家学者编写的一套旨在传播中华五千年优秀传统文化，提高全民文化修养的大型知识读本。该书在深入挖掘和整理中华优秀传统文化成果的同时，结合社会发展，注入了时代精神。书中优美生动的文字、简明通俗的语言、图文并茂的形式，把中国文化中的物态文化、制度文化、行为文化、精神文化等知识要点全面展示给读者。点点滴滴的文化知识仿佛繁星，组成了灿烂辉煌的中国文化的天穹。

希望本书能为弘扬中华五千年优秀传统文化、增强各民族团结、构建社会主义和谐社会尽一份绵薄之力，也坚信我们的中华民族一定能够早日实现伟大复兴！

目录

一、玄学的缘起

中华学术，源远流长。春秋战国时期诸子百家，各执一端，出现了百家争鸣的兴盛局面，这是我国学术思想史上第一个辉煌时期，被后世称为诸子时代。至汉代，汉武帝"罢黜百家，独尊儒术"，把儒家学说列为经典，由此经学一统天下，成为官学。魏晋之际，儒家经学受到严重挑战，玄虚之风大为兴盛。隋唐时期，佛教兴盛，我国的大量佛寺创建于此时。北宋时期，又兴起了理学，学术思想逐渐向儒家文化复归，而又有进一步的发展。至明末清初，理学思想又不断受到挑战，人们逐渐感觉到了理学的空疏乏味，注重实际的考据之学开始兴起。19 世纪后期以来，西方国家的学术思想不断传输过来，至 20 世纪，逐渐出现了融合中西的学术思想，是为西学东渐的时代。

在我国历代学术思想发展史上，魏晋时期，实现了经学向玄学的转变，这是个中国文化思想大开放的时期，是道

家思想豁然崛起，剧烈冲击儒家思想统治地位的时期。玄学的兴起以及玄学辩难，形成了一次蔑视名教礼治、崇尚自然、追求自由的人生理想的解放运动。

我国的学术思想一直都和文学有着紧密的联系，不同时期的学术思想往往是通过文学作品来表现的，并且反过来会影响文学作品的思想内容、艺术风格与表现模式等，进而影响人们的思维观念、生活习惯、审美意识与行动模式。

在我国历代的学术思想中，可以说玄学是最具有内在意蕴、对文人最具有吸引力、更加具有文学内涵的一种思维模式。其在发展过程中，内部又分为三个派别：何晏、王弼主张名教本于自然；阮籍、嵇康认为"越名教而任自然"；郭象认为名教即自然，此三者即为魏晋玄学"三大派"。

"玄"这个概念语出《老子》："道可道，非常道；名可名，非常名。无名天地之始；有名万物之母。故常无，欲以观其妙；常有，欲以观其徼。此两者，同出而异名，同谓之玄。玄之又玄，众妙之门。"王弼注曰："玄者，冥也。"（《老子注》一章）而"冥"这个词即为深奥莫测、难以想象的意思，可见，"玄之又玄"是如何深奥的一种境界。那么从字面意义理解，"玄学"就是一种研究深奥理论的学问，不过在魏晋时期，它又有其特殊的含义。那么玄学又是如何兴起的呢？

"玄学"的兴起经历了一个漫长的发

展过程，它是两汉经学衰落、名教信仰发生危机，士人积极向上的心态普遍衰退之后为寻求新的思想皈依而逐渐产生的，是汉魏时期社会思潮发展演变的结果，是当时社会上流行的清谈之风、名理之学催生的结果。

（一）两汉经学的衰落与名教信仰危机

西汉时，汉武帝采纳董仲舒的建议，

"罢黜百家，独尊儒术"，立五经十三博士，官宦世家子弟们从小就要受五经思想教育。在当时，儒家经典实际上起到了充当最高法典的作用，无论是处理政务，还是制定典章制度以及日常生活行为规范，都要依据儒家经典，儒学已广泛渗透到社会生活的各个领域。两汉经学的盛行，适应了大一统的封建王朝的政治需要，使我国汉代成为历史上国力强盛、疆域辽阔、民族繁盛的时期之一。

然而，东汉后期，阶级矛盾日益尖锐，外戚、宦官专权，社会政治黑暗，以及"党锢"等高压政策，使士人普遍出现精神信仰危机。东汉末年的黄巾起义，给了东汉王朝以毁灭性的打击，使东汉王朝迅速走向瓦解。相对应的，作为意识形态领域中占统治地位的儒家经学也受到社会激烈变动的冲击而趋于衰微。随着政权的解体，上层统治的理论基础，即以阴阳五行为基础"天人感应"的神学

目的论和谶纬宿命论也趋于消散，随之而来的是社会礼治问题和名教信仰危机的出现。

当时外戚、宦官交替专权，是名教危机的典型表现。东汉和帝初期，先是外戚窦宪专权，倾轧朝政，之后永元四年（92年），窦宪获罪自杀，窦氏势力被消灭，宦官又开始专政；后到安帝朝，外戚邓氏又擅权于朝野，邓氏势力被消灭后，阉党又再次得势；至少帝朝，太后阎氏又专权于朝政，阎氏被灭，宦官又开始执掌朝政……可以说整个东汉社会后期，一直处在外戚和宦官交替专权的情况下，而且这种情况到桓帝、灵帝时期愈演愈烈，封建王朝的正统皇帝已然沦为政治上的傀儡，直至董卓废帝，天下大乱。

封建社会的君主是理想人格的典型，封建政权在君主的领导下定名分，立纲纪，维持着社会的稳定和发展，"父父子子，君君臣臣"的纲常伦理是名教

最根本的问题。然而外戚、宦官专权，君臣失序，导致了汉王朝政治的崩溃，不能不说是当时最大的名教问题。此外，关于"孝悌"的观念，"服丧"的问题等等都有矛盾出现，诸多现实问题无法解决，必然导致人们的思想观念发生巨大变化。

在中国封建社会，儒家学说代表了传统的文化和价值，它和封建社会牢牢维系在一起，具有极大的稳定性。以君主为中心的国家政权的发展，与士人

的人生价值走向是一致的，"臣事君以忠""君使臣以礼"，士人的追求与国家政权是和谐的。然而，东汉后期，随着社会政治的日趋混乱，儒家所提倡的名教、礼法逐渐被打破，士人的心态也逐渐发生变化，思想开始趋于多元化，开始出现了形形色色的价值观念与是非品评标准。儒家标准虽仍然被遵奉，但却不一定以其作为最高标准，诸子之学又逐渐兴起，儒家之外，道、法、名、兵、

农等诸家思想又都活跃起来，儒家独尊的统治地位发生了动摇，人们开始寻求新的思想皈依。

两汉经学思想僵化，墨守成规，逐渐走进了死胡同，这为玄学的产生提供了可能性。汉代初年曾在政治统治上实行黄老之术，实行无为、自然的休养生息政策，并且在文化思想上也一度盛行黄老之学。如文学家贾谊，虽然在政治上具有远大的抱负，但是其作品里充斥着明显的道家思想色彩，他的《新书》有很多地方继承并且发挥了道家学说，《鹏鸟赋》更具有浓烈的老庄意味，他说："万物变化兮，固无休息。斡流而迁兮，或推而还。形气转续兮，变化而嬗。沕穆无穷兮，胡可胜言！祸兮福所倚，福兮祸所伏……"司马谈父子也曾崇尚黄老之术、道家言论，司马迁说其父"学天官于唐都，受易于杨何，习道论于黄子"（《太史公自序》）。这当然对极其崇

敬其父的司马迁有一定的影响。淮南王刘安的《淮南子》是一部以道家思想为主而杂以其他学说的著作，可以说是汉初集黄老之学大成的总结性著作，东汉高诱说此书："其旨近老子，淡泊无为，蹈虚守静，出入经道。"（《淮南子注·序》）而两汉末的扬雄则是两汉道家文化源流中承前启后的一个重要人物，班固说其："默而好深湛之思，清静亡为，少嗜欲，

不汲汲于富贵，不戚戚于贫贱，不修廉隅以微名当世。"（《汉书·扬雄传》）扬雄著有《太玄经》，思想内容上以"玄"为理论核心，运用大量天文历法术语知识通过"观象于天，俯察于地"的思考与摹比，抽象出"玄"范畴，作为解释宇宙万物生化的根本，在哲学论点与思辨方式上为后来的玄学开路，他建立了两汉时期第一个完备的儒道调和的太玄理论体系。扬雄提出的这个宇宙万物"玄"本体，正好是从老子以"道"为本体过渡到玄学以"无"为本体的中间环节，

他极力地强调了作为万物之本体的"玄"是一种玄妙莫测、难以捉摸的东西，从而提高了老子"道"本体的哲学抽象程度，这无疑为"玄学"的出现作了思想理论上的准备。

（二）士人心态的演变

汉魏之际，由于政治局势混乱，社

会动荡，士人的心态也相应地发生了变化，对应的政治态度和社会理想也发生了变化。在二百多年的时间内，即从汉末建安时期到南朝刘宋的建立，士人逐渐从儒学的理性心灵世界走向了以自我为中心的感情世界。也就是由拯世济物的积极入世思想转向了依傍山水，委运任化，追求心与道冥的老庄境界。如果说前一时期的知识分子仍然对封建正统名教礼治社会存有一定的眷顾之心，他们悲观、失望、愤怒、怨恨，甚至不惜以自己的生命为代价来反抗现实的黑暗，以求得理性的回归，而到了魏晋后期，

士人已经开始形成了一种新的生活态度，他们把自己从对政权的依附状态和对君主的绝对服从状态下解放出来，开始注重自身的生命价值，寻求精神的绝对自由。

罗宗强先生在《玄学与魏晋士人心态》一书中，将东汉末年到晋宋之交士人心态的变化分为四个阶段。第一阶段发生在东汉末年，这时期士人失去了作为文学侍从参与上层统治集团重大活动

的条件，他们的文章、建议不仅不能规劝皇帝，甚至还有可能招致杀身之祸。政治生活的黑暗，使他们的理想普遍受到压抑，对于儒学的遵奉开始有所动摇，而内在的自我世界初步得到发现。

东汉末年，发生了两次震惊当时的"党锢之祸"，第一次党禁，有二百多士人被下狱，后来这些人被遣归乡里，终生不得出世为官。第二次党禁，有一百多士人被处死，而且受牵连被流放、废

黜的也有六七百人。士人们的心理遭受到了极大的重创，他们开始远离朝政，退而著述。至桓灵二帝时，天下大乱，群雄逐鹿，攻伐不断，战乱不止。在动荡不安的社会中，建安士人目睹了战争的残忍与血腥，看到了黎民的哀嚎与困苦，曹操的《蒿里行》说："白骨露于野，千里无鸡鸣。生民百遗一，念之断人肠。"写出了当时人民的凄惨凋零状况，士人们自己也朝不保夕、颠沛流离，王粲《七哀诗》说："西京乱无象，豺虎方遘患。复弃中国去，委身适荆蛮。"对生离死别的体验，对人生短促的惶恐，命运的难测，祸福的无常，加深了士人们的悲剧意识及对生命的理解。在战乱动荡的年代，人们的生命时时刻刻都处在危险之中，人们到处漂泊，没有一定的安身之所，在辗转漂泊之中，悲剧性的体验加剧了他们更深沉的人生感慨，生命是如此的脆弱，经不起折腾。所以一旦暂时找到安顿身心的栖息地，士人往往把酒言欢，及时行乐，沉迷于声色之中，以此作为对有限生命的补偿。在士人纵乐与欢娱

的背后，暗含的是对人生苦短的哀叹，对战乱纷争的无奈。罗氏说："当自我觉醒，体认到生之可贵的时候，却同时也是战乱不断，人命危浅的时期。于是生的欢乐便伴随着人生短促的悲哀，在纵乐的时候便常常弥漫着一种浓重的悲凉情思。"

正始时期是罗氏书中士人心态变化的第二个阶段。这一时期司马氏当政，大肆诛杀异己，政权再度混乱，士人精神上虽然少了许多禁锢，但由于政治取

向的不同，常常惨遭杀害，如何晏、夏
侯玄由于拥护曹氏被杀，嵇康也由于拒
绝与司马氏合作，惨遭杀戮。建安时期
士人们普遍高扬的政治理想再度落潮，
面临着更深刻的人生困惑，危机感与幻
灭感笼罩在他们心上，同时受新兴的玄
学风气的影响，士人们内心的自觉意识
进一步觉醒，开始用一种崭新的眼光来
重新审视人生与社会历史的关系，从一
个崭新的角度来重新阐释生命的意义。

这一时期整个时代的精神面貌发生了很大的变化，传统儒家哲学所提倡的积极进取的入世精神消退了，人们转而寻求老庄的出世以获得精神的解脱与心灵的慰藉。由对功名道德等外在之物的肯定，转向对内在自我人格、自我精神的肯定。正始士人的清谈，竹林七贤放达不拘的个性，东晋士人飘扬飞逸的神采，超然世外的风度，都在昭示着一种全新的价值取向与生命追求，由此生发出一种独特的文化精神、审美情趣及处世之道，对当时及其之后的文人生活态度以及文学内容产生了深远的影响。

　　嵇康在《与山巨源绝交书》中说自己"有必不堪者七，甚不可者二：卧喜晚起，而当关呼之不置，一不堪。抱琴行吟，弋钓草野，而吏卒守之，不得妄动，二不堪也。危坐一时，痹不得摇，性复多虱，把搔无已……"阮籍就更为放达，王隐《晋书》说："魏末阮籍嗜酒荒放，露头散发，裸袒箕踞。"在生活中完全不拘礼法，不

拘细节。《世说新语·任诞》七说:"阮籍嫂尝还家,籍见与别。或讥之,籍曰:'礼岂为我辈设也?'"同篇十一说:"阮步兵丧母,裴令公往吊之。阮方醉,散发坐床,箕踞不哭。"同时的竹林七贤以及当时一些名士几乎都不拘礼法,行为乖张任诞,放达不羁。

鲁迅先生对这种现象曾做过精辟的

分析，他说："表面上毁坏礼教者，实则倒是承认礼教，太相信礼教。因为魏晋时所谓崇奉礼教，是用以自利，那崇奉也不过偶尔崇奉，……不过将这个名义，加罪于反对自己的人罢了。于是老实人以为如此利用，亵渎了礼教，不平之极，无计可施，激而变成不谈礼教，不信礼教，甚至于反对礼教。但其实不过是态度，至于他们的本心，恐怕倒是相信礼教。"（鲁迅《魏晋风度及文章与药及酒之关系》）

这就是说嵇康、阮籍等人的放达与

蔑视礼教，实则是尊重礼教，相信礼教，召唤礼教，而在那个虚伪狡诈的社会，在假名教泛滥的时代，他们看不到希望，因此只能以不合当时虚假名教的行为进行抗争。所谓竹林七贤的风采，也就是他们放浪形骸、蔑视礼法、纵酒放达等种种荒诞，不合礼俗之举乃是他们寄托愤懑、逃避祸端、保全性命的一种选择。

可以说，从东汉末年到晋末，在这个一直处于战乱纷争、动荡不安的时期，

中国士人在价值理想与精神追求上出现
了难以调合的矛盾。几千年来中国士人一
直主张积极入世参与政治，儒家重事功，
重道德，重操守，主张人生的伦理道德化，
强调人生的功利目的和个体的社会责任，
这也就是士人们全部的人生追求与生命
价值所在。但在一个充满杀戮，政治黑暗，
生死难测的社会，士人的人生价值和理
想失去了现实的依托，他们找不到实现

人生追求的方向，甚至有时候连自我的生活道路也难以选择。于是在理想与现实的矛盾之中，士人一步步从世俗的世界走向心灵的世界，开始对老庄进行膜拜。

（三）清谈之风、名理之学的盛行

魏晋士人主要通过以下几种方式来表达他们对"玄学"的见解。一为著书

立说，如王弼的《老子注》《周易注》，向秀的《庄子注》等；或是自己写作有关玄学理论的文章，如何晏的《道德论》，嵇康的《养生论》《释私论》《声无哀乐论》，阮籍的《通易论》《通老论》《达庄论》以及郭象的《崇有论》等；还有一种方法就是清谈，即在生活中谈玄。

但实际上清谈的出现要早于玄学，从某种意义上可以说，玄学是清谈发展到一定阶段的产物。

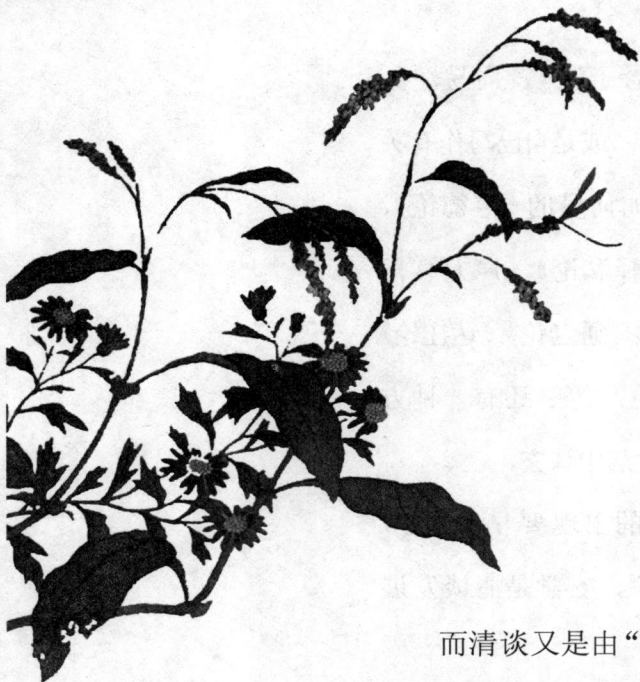

而清谈又是由"清议"发展而来的。汉代实行"察举制"征辟、选拔人才，所谓察举，主要是乡间选举有一定道德风尚与学术品质的人才到朝廷去做官，主要以这个人的社会名望作为选拔的标准，而没有一定的考核制度，主要靠评议、靠社会舆论。那么在选举的过程中，"清议"就发挥着舆论监督与人物品鉴的作用，这种方法直接影响着朝廷对人才的选用。后来在曹魏时期，曹丕实行"九品中正制"，进一步将其制度化。

　　早期乡间清议的主要内容是对人物的道德情操和具体行为品格做出评议，但是到了东汉末年，这种情况有了变化，主要受当时社会风气的影响，人物品评逐渐从具体走向抽象，主要是注重人物的气质神韵与仪态姿容。魏晋时期，对人物的品评极为兴盛，南朝宋刘义庆的《世说新语》中许多篇章记载的都是魏晋时期的人物品鉴，并描写了这些魏晋名士的逸闻逸事和玄虚清谈。如《赏誉》："公孙度目邴原：'所谓云中白鹤，非燕雀之网所能罗也。'"

　　另一条："王戎云：'太尉神姿高彻，如瑶林琼树，自然是风尘外物。'"又有："时人道阮思旷：'骨气不及右军，简秀不如真长，韶润不如仲祖，思致不如渊源，而兼有诸人之美。'"等等，诸如此类，还有很多。人物品评内容从政治、道德方面逐渐转向才性、才学以及精神等方面，标志着清谈之风的兴起。

以后清谈的内容又有了进一步的转变，逐渐由才学、才性问题发展到老庄之学的玄虚理论内容，而才学、才性问题本身也为魏晋玄学思潮下的一个问题，才性与玄理，乃魏晋玄学的两端。重虚、重空灵、重精神的愉悦，是典型的老庄思想。

有关名理之学有几种不同的看法。一种观点认为玄学包含在名理之内，另一种观点认为玄学即名理，还有人把玄

学与名理对立起来。魏晋时期的名理之学主要探讨的就是东汉后期名教信仰的危机，他们想复归形名，然而在思维方法上却走向了玄学化，用抽象的思维方法辨析名理，最终走向了思辨的玄学之路。

这样在汉末魏初的正始年间，由于上述一系列因素的催化生发，对中国文学具有重大影响的玄学也就随之出现了。

二、玄学的含义

上面说过，"玄学"从字面意义理解，就是研究深奥理论的学问，不过其在魏晋时期是有特殊含义的。玄学在魏晋时期又称为清言、微言、名理、老庄等，其作为一种哲学思想是由正始时期的何晏和王弼首先阐发的，因此人们又称它为"正始之音"。所谓魏晋玄学，不同于世俗观念中的玄学、玄虚等抽象观念，当然其又与这些世俗的玄虚概念有着某种内在的联系，它所弘扬的乃是道家之

玄理，而道家的玄理本身就是一种玄虚的抽象观念。总的来说，魏晋玄学是魏晋士人在思想领域里发动的一场哲学革命，它既是关于宇宙本体的思考，也是关于现实社会人生的思考，它所要反对的是两汉重感性经验的具体思维哲学，而建立一种自然的、直觉的抽象思维哲学，它所要超越的是纷繁复杂而又琐屑的社会现实，而达到一种心与道冥，体

认自然的精神境界，然而它的出现，它
的兴起，它的抽象思维的起始，又是为
了正视社会现实，挽救社会现实。

（一）"三玄"——《老子》《庄子》《周易》

魏初正始年间兴起了一场改制运动，
倡自何晏、夏侯玄。作为一种新的社会
思潮的魏晋玄学，它吸收了道家精神形
态，以《老子》《庄子》《周易》为主要思

想材料，来探索其所要研究的重要命题，这三本书当时被称为"三玄"，魏晋玄学清谈的主要内容和很多哲学问题都源自这三部经典。

《周易》原为儒家的经典，是一本关于占卜的书，但其在探讨各种卦象时，谈到了许多有关宇宙万事万物变化的问题，无形中与道家思想进行了交流，具有很强的哲学性。两汉时期，其又逐渐

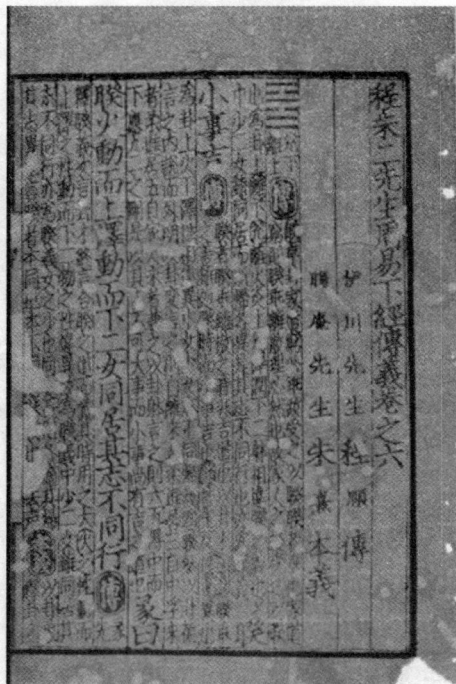

和黄老思想合流发展，逐步衍化为一本探讨宇宙哲学与天人感应学说的哲学著作，因此在魏晋士人企图重建新的"天人关系"的背景下，《周易》受到了广泛重视。当时的很多思想家都为《周易》做了注，但最有代表性的是王弼的《周易注》《周易略例》。王弼的《周易注》是随文注解的，《周易略例》则是通论性的著作，主要是讨论"一"和"多"的问题，王弼认为天地之间，虽然万物众多，杂而无章，运行变化非常复杂，但是它们的运行与

变化是有着内在的规律性的，并非完全无迹可寻，一切事物的发展运动在王弼看来，都有一个本体的制约，那就是"统之有宗，会之有元"的"一"。而《周易注》中主要是讨论"常、变、动、静"的理论。我们从王弼的这两部著作中可以大致了解王弼的思想取向。

《老子》是一部纯粹的道家哲学著作，它所探讨的主要是有关个人主观上心境修行的问题，强调个人在主观修行中所观赏的世界是什么，而不大重视客

观宇宙的根本是什么，但在对个人主观
欣赏的探讨中，又不断地讨论着宇宙空间
中的各种存在。《老子》是道家最根本的
经典，以借鉴道家思想理论为基础的魏
晋玄学家对它极为重视。当时对《老子》
的注释与研究形成了一股热潮，代表性的
仍为王弼的两部著作：《老子注》及《老
子指略》。王弼在这两部著作中，主要探
讨了"有"与"无"的关系问题，并提出
了"以无为本，以有为末"的本体论哲学。

　　《庄子》在一开始并未被魏晋玄学家所重视，直至西晋末，玄学家们才开始越来越关注它，东晋时期《庄子》则凌驾于《周易》及《老子》之上，一跃而成为玄学领域中最重要的理论思想著作。《庄子》的盛行，丰富了玄学理论所讨论的内容，而且玄学的讨论方式也随之改变，为玄学而谈"玄"的现象成为西晋士人南渡以后阐发玄学思想的主要方式。至于《庄子》一书的注释，当时以向秀的

《庄子注》及郭象的《庄子注》为主,后
人一般都将郭象和向秀的思想放在一起
讨论。

(二)"玄学"的概念

"玄学"这一词语所蕴含的特殊概念
应出自《老子》,王弼的《老子注》曾提
出"玄者,物之极也""玄者,冥也。默
然无有也"这样的"玄"的概念。究其

根本，此一词语乃是探索宇宙万物根源、本体等层次时所使用的观念术语。其所要讨论的问题，就是从《周易》《老子》《庄子》这三部经典而生发，其中以老庄思想为骨架，研究《易》经中所探讨的有关宇宙人生的哲理，即"本末有无"的问题，进行玄虚性的论辩，使两汉时所讨论的经学目的论逐渐转向宇宙本体论。后来它就逐渐衍变成一种以讲究修辞与技巧的谈说论辩方式而进行的一种学术社交活动。从理论上看，玄学理论表现为儒道兼宗，玄学的发展并非要取代儒家，而是要调和儒道，使儒道兼容，从儒道互绌到儒道双修；从内容上看，玄学关注的是有关本末有无的宇宙本体论问题，它试图寻求一个万物之本来对抗两汉的"天人"关系学说；从方法上看，玄学所使用的是辩名析理的研究方法，注重的是抽象的思辨，而不是实际的研

究；从功用上看，玄学的兴起在很大程度上是试图以"自然"之真去净化"名教"之伪，试图以新的理论学说来维护社会现实的有序与正常发展。究其根本，魏晋玄学之所以在那个时代兴起、发展并迅速扩大，就是因为它的现实意义是挽救社会现实，维护士人利益，它其实是一种社会政治理想。

从理论内容上看，"玄学"是一个多层面的概念。它所要探讨的哲学问题核

心是有无本末的本体论问题，以及思维方法上的言意之辨问题，所要解决的中心问题是现实社会中的名教与自然的矛盾。

对于当时流行的相关论题，即上面所述的"有无本末""言意之辨""名教自然"等玄学理论的中心问题，魏晋人士又称之为名理之学，玄学理论的形成最终要解决的就是名实关系的问题，不

过其以"自然"为实，以礼义为名，来
详加分析事物的观念。玄学理论体系形
成之后，其所要解决的又不仅仅是这些
核心问题，还要解决其他一些相关命题，
如"养生""有情无情""声无哀乐"以
及一般处世哲学等问题。此外玄学理论
形成之后，带动了一种社会风气，是为"玄
风"，人们在思考问题时，逐渐开始以"玄
学"作为其理论归宿，即使这些问题本
身并不是玄学理论之下的命题，人们也

开始用玄学理论去解决。

　　总之，对后世文学有着重大及长久影响的魏晋玄学，"就是以《老子》《庄子》《周易》为其主要思想材料，以重新认识名教与自然的关系为宗旨，以有无本末的本体论，以及言意之辨、以简驭繁的思维方法及玄学人生人格论为核心"（卢盛江《魏晋玄学与中国文学》）的一种学术思想理论形态。它既是魏晋士人在思

想领域里发动的一场有关宇宙本体的哲学革命，也是关于现实社会人生的基本思考，它是由当时的政治形势、社会格局以及思想潮流共同作用的结果。其提出众多玄学问题，并且用玄学理论去认识并解决人生的其他种种问题，这样一

种学术思想，在当时深深地影响了士人的文化心态以及社会风气。

此外，玄学理论在后期的发展过程中，又吸收了释家的一些佛学理论，从而实现了儒释道三家的紧密交流结合，对于我国后来的学术思想的兼容并包有着重大的影响。

三、玄学的发展分
期与内部派别

　　"玄学"的发展过程可以分为不同的时期，并且依据其所要探讨的中心问题，即对自然与名教关系的不同见解，玄学家内部又可分为三大派。

（一）玄学分期

　　魏晋玄学按照大的时间界限可分为前后两期。魏末西晋时代是玄学的前期，此时期士人阶层流行清谈，主要是承袭

东汉清议的风气，就一些实际问题和哲理问题进行反复辩论，这种情况与当时士大夫的进退关系极为密切，就出世哲学的"自然"与入世哲学的"名教"二者之间的关系反复辩论而形成了后世所称的魏晋玄学"三大派"。就玄学学术理论的发展看，此时期又可概括地分为正始、竹林和元康三个时期。这三个时期在学术理论上有时偏重老子的理论，有时偏

重庄子的理论，但主要的分歧仍是对于
儒家名教的态度，即政治倾向的不同。

　　正始时期玄学家中，以何晏、王弼
为代表，从研究名理问题发展到无名，
认为名教其实出自自然；而竹林时期玄
学家以阮籍、嵇康为代表，二人皆标榜
老庄之学，以自然为宗，坚持把名教与
自然对立起来，强调"越名教而任自然"，
不与当权的统治者司马氏合作；元康时
期的玄学家以向秀、郭象为代表，郭象
认为名教即自然，名教和现实政治秩序

等问题都合于自然。

东晋一朝为玄学发展的后期，清谈已发展为口中或纸上的玄言，已失去了政治上的实际作用，而仅仅是作为名士身份的装饰品，当时士大夫谈玄仅仅是附庸风雅，标榜身份地位，并且这一时期的玄学理论逐渐与佛教结合，发展为儒、道、佛三位一体的趋势。

（二）玄学派别

魏末西晋时代的玄学理论按时间段

可分为三个时期，同时按其理论主张也
可分为三个派别。第一派即以正始时期
的玄学理论家何晏、王弼为代表，二人
的玄学思想主张为"名教出于自然"的
哲学观。二人认为，提倡名教与崇尚自
然并不矛盾，名教秩序本身就是一种自
然状态。这一理论，一方面为现实社会
中名教的合理性提供了新的论证，另一
方面其实也批判了当时的有为政治。第
二派即以竹林时期的嵇康、阮籍为代表，

二人主张"越名教而任自然"的哲学观。稽康和阮籍在政治上倾向曹魏政权，反对司马氏的士族政治，对当时司马氏所提出的"以孝治天下"的虚伪的名教理论万分厌恶。而现实的状况又如此让人无奈，他们只能一方面对这种虚伪的名教进行批判，一方面扛起自然主义的大旗与之对抗，主张反璞归真，一切顺应自然。第三派即以元康时期的郭象为代表，郭象主张"名教即自然"的哲学观。

他认为现实社会中的名教礼治都是自然的，一切都是合乎天性的，是本应如此的。他的这种思想，基本上是维护统治阶级合法性的御用学说，他将名教与自然完全等同起来，将现实的礼法论证得合情合理，这给当时统治者的纵情玩乐提供了理论依据。

1. 名教与自然

名教与自然是中国魏晋玄学中的一对哲学研究范畴。名教，一般指以正名分、

定尊卑为主要内容的封建礼教和道德规范。所谓的"名教"也就是使社会各色人等完成角色定位，都按照自己的等级秩序做事行礼，以便维持社会的正常秩序，使社会维持于某一存在形态。由于它教导人们对各种社会现象依礼而"名"，促使人们完成社会印象定位心理，无论从事什么事情，都要服从于内心所认定的事物的名状，所以称之为名教。名教即为社会名分之教，人伦道德之教，就

是儒家所强调的用以维护封建统治秩序
的三纲五常等等，孔子说："名不正，则
言不顺。言不顺，则事不成。事不成，
则礼乐不兴。礼乐不兴，则刑罚不中。
刑罚不中，则民无所措手足。"可见，名
教属于儒家文化中的伦理一域并直接转
化为儒家的思想内核。自然，主要指天
道自然，认为天是自然之天，地是自然
之地，天地的运转，万物的生化，都是

自然而然，自己如此的。玄学思想中所谓的"自然"还包括人们在社会生活中的自性状态，它主张人们在现实社会中应清心寡欲，恬淡无为，超脱名誉，一切任其自然。名教与自然的问题即儒家所强调的积极入世的用功精神与道家所注重的消极的自我超脱之间的矛盾，不过在魏晋玄学领域范畴内，名教与自然的问题在不同的阶段又有着不同的矛盾形态。

这二者之间的矛盾是任何社会都有可能面对的问题，也是儒、道两家进行某种交流与对话的接触点。

名教和自然的观念早在先秦时期就出现了。儒家圣人孔子主张正名分、定纲常，强调社会教化礼治，认为如果社会生活中的名分错乱，社会就会失序，人民就会无所适从；而道家宗师老子则主张天道自然，提倡无为，主张高蹈出世。相传老子曾教育孔子，让其"去其

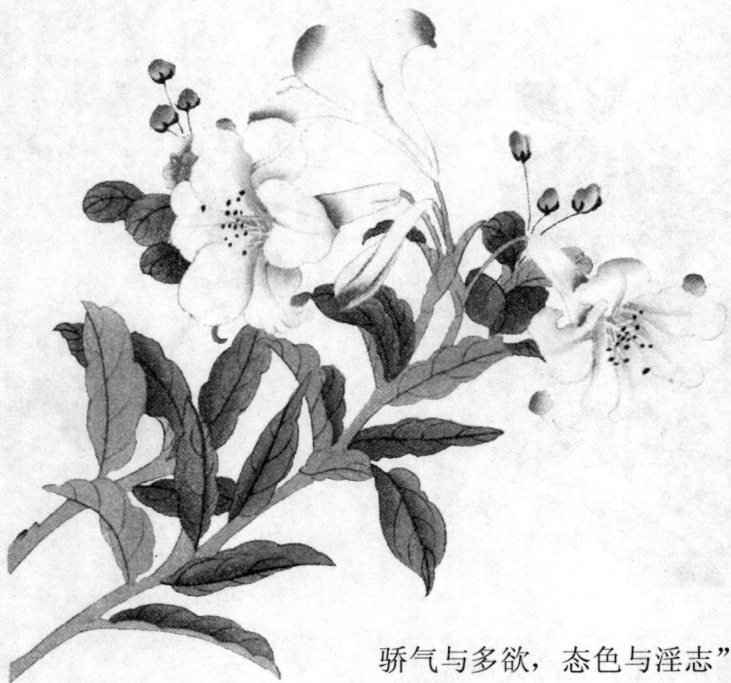

骄气与多欲，态色与淫志"就是说让孔子不要有那么多的理想抱负，而应清静无为地自然生活，可孔子认为"鸟兽不可与同群，吾非斯人之徒与而谁与？天下有道，丘不与易也"。他们是"道不同不相为谋"。孔子、老子分别被后世看做"贵名教"与"明自然"的宗师。我国古代人们对名教、自然以及这二者关系的认识，是有一个不断发展的过程的。

汉初时期，统治者实行黄老之术，号召自然，强调清静无为，至汉武帝时，

董仲舒发挥了孔子的正名思想，强调社
会上的等级名分。其后的《淮南子》和
东汉的王充则用道家的自然观念与董仲
舒的名教观念相对抗。《淮南子》强调天
道自然，认为圣人应顺随自然，无为而治。
王充认为天地是"含气之自然"，主张自
然无为。

魏晋时期，由于思想家的哲学倾向
和政治见解不同，"名教"与"自然"的
关系成为一个争辩的问题。当时人们为
了在黑暗污浊的社会现实中寻找安身立
命的法则，开始纷纷走向道家，借探讨

玄虚的宇宙哲学本体问题来逃避现实社会中的虚伪与狡诈。而关于宇宙万物本体的"有无之辩",落在社会人生层面便即刻回应到名教与自然之辩。魏晋玄学关于自然与名教的看法主要是倾向于儒道兼宗,意在以自然无为的道家思想来矫正当时已经变了质的儒家名教,可以说魏晋玄学的兴起和生成,在很大程度上是为了补救建立在两汉"天人感应论"基础上的儒家名教危机,进而调和名教与自然的矛盾。

　　魏晋时期首先提出调和名教与自然的矛盾的是夏侯玄。他说："天地以自然运，圣人以自然用。自然者，道也。道本无名……夫惟无名，故可得遍以'天下'之名名之。"（张湛《列子注·仲尼篇》）天地的运动变化是自然而然的，圣人的性情也是合于自然的，他们不偏执于名教与自然的区别，从而回护了自然，道是无名的，是没有具体属性的抽象本体，所以它可以包容一切，无所不适。王弼把名教与自然的关系纳入他的"以无为

本"的哲学体系，认为自然和无具有同
等的意义，因而自然是本，是体；名教
是末,是用。自然与名教是本末体用关系，
二者是统一的。他主张"举本统末"，用
自然统御名教；认为只要"圣人"按照自
然的原则办事，"因俗立制，以达其礼"，
使众人各安其位，返璞归真，名教便可
复归于自然。这是正始时期玄学家对名

教与自然的看法。

名教与自然的问题实为玄学理论的
中心问题，玄学理论的宗旨就是要解决
现实社会中的名教问题。名教礼治在汉
代时达于极盛，两汉是为经学一统的时
代，它所号召的就是皇权至上，皇权神授，
强调封建尊卑等级秩序，君君臣臣、父
父子子，臣要忠于君，子要孝于父，下
要服于上，民要从其治，这都是名教礼
治的内容。究其实质，就是要维护封建

大一统政权的统治,强化君主专制,建立等级严格的社会政治秩序。此时期的有关哲学理论归根结底都是要维护以名教、礼治为基础的封建社会秩序,这时候的"名教"问题,就是一个社会政治统治问题,也是士人的人生信条问题。名教、礼治直接影响着士人的人生追求,他们把儒家理论道德作为处身立世的唯一准则,用儒家礼仪去规范社会生活中的一切,名教、礼治深深地渗透到了士

人的思想之中。但是到了东汉后期，名教、礼治信仰发生了严重的危机。这时期社会黑暗，经学衰落，大量伪经学出现，士人的心态发生了极大的变化，社会风气转变，人们开始注重及时行乐，任情放纵，违礼之举大量出现，不断要求摆脱封建思想意识的束缚，对名教、礼治的信仰跌至低谷，这对于封建王朝的社会政治来说，的确是一个不可回避的问题。因此如何挽救社会危机和信仰危机，

已成为汉魏之际的重要时代课题。

此前的名教之治，确实在很大程度上起到过维系人伦及净化人心的作用，但到了魏晋时期，名教已经异化为人们追名逐利的工具，有识之士愤懑于名教的堕落，看到了其对人性的束缚，转而抛弃名教，开始追求旷达的人生。玄学理论企图从宇宙本体的角度，从自然的角度，希望能够统一名教与自然，希望在自然的基础上，解决名教与现实的矛盾。

因此名教与自然的关系问题就成为了玄学三辩题中最根本的中心问题，从何晏、王弼出发，提出以"无"为本的"贵无论"，主张"名教出于自然""存名教而不废自然"；到嵇康、阮籍的"越名教而任自然"，认为名教与自然是相背离的；再到郭象提出"自生""独化"说，主张"名教即自然"，因而完全抹煞了名教与自然之间可能出现的分裂鸿沟，这些都反映

了魏晋玄学家们对社会现实问题的关注，表达他们对于社会教化与社会体制的不同态度，以及对社会价值观的基本看法。

2."名教出于自然"的理论主张

"魏正始中，何晏、王弼等祖述老庄，立论以为天地万物皆以无为本，无也者，开物成务，无往而不存者也。阴阳恃以化生，万物恃以成形，贤者恃以成德，不肖者恃以免身，故无之为用，无爵而贵矣。"（《晋书·王衍传》）

何晏、王弼提出了"天地万物皆以

无为本"的思想，即玄学本体论中的"贵无"论，奠定了玄学的理论基石。这个"无"，既是世界本体，也是支配社会生活的无形动力。得之者，人和物即可成务、成形、成德、免身、无爵而贵。事实上，"以无为本"的本体论原则，是在夏候玄的"天地以自然运、圣人以自然用"的命题基础上形成的。夏侯玄是曹魏时期的将臣，因反对司马氏被杀。何晏就是在他所提倡的理论基础上，发挥了"无名论"。王弼说："自然，其兆端不可得而见也，其意趣不可得而睹也……居无为之事，行不言之教，不以形立物故功成事遂，而百姓不知其所以然也。"（《老子》十七章注）可见，何晏、王弼二人都主张"贵无"，提出了"以无为本"这个玄学最根本的问题，可以看做是玄学产生的标志。自此魏晋玄学开始了它的蓬勃发展之路。

何晏，字平叔，南阳宛县（今河南
南阳）人。他是曹操的养子和女婿，他
很聪明且有才气，曹操很赏识他，但是
曹丕很讨厌他，因为何晏曾"服饰拟太
子"，所以在曹丕当政期间，他很不得
志。后来，正始年间，曹爽当权，何晏
才得到任用，被封为吏部尚书，他一得势，
就开始寻隙旧仇，进行报复，并且贪得

无厌，占用公田。等到曹爽被诛，司马氏当权时，他又马上投靠司马氏，出卖自己的党羽，想保全自己，不过最终落得了兔死狗烹的下场。何晏人品低下，令人耻之，不过在玄学领域，他却有开创之功，在正始年间，他以自己的才学和政治地位，成为谈玄的核心，带动了玄学理论风气的发展。何晏本人很自负，在正始年间的清谈活动中，"夏侯玄、何晏等名盛于时，司马景王（司马师）亦预焉。晏尝曰：'唯深也，故能通天下之志，夏侯太初是也。唯几也，故能成天下之务，司马子元是也。唯神也，不疾而速，

不行而至，吾用其语，未见其人。'盖欲
以神况诸己也"（陈寿《三国志》）。可见，
他认为夏侯玄虽然思想深刻，长于分析；
司马师虽能随机应变，长于事功，但是
与他相比，都是小巫见大巫，都比不上
他自己精通玄理，已达到神化的境界。

何晏阐发玄学理论的重要著作有《道
德论》和《论语集解》。《论语集解》可
以看做是两汉经学开始向玄学转变的一

部著作,《道德论》这本书现已佚,其原貌我们已经无法了解,现在我们能见到的仅是散见于其他著作所引用的材料。

从他的著作中,我们可以看出,其讨论的玄学理论问题主要有两个方面:其一,关于有无本末的看法,强调以无为本,以有为末,认为宇宙本体是超言绝象的,是无名无誉的,是天地万物形

成以前就存在着的。"无"具有主宰天地万物的作用，是阴阳万物赖以化生成形的始基。其二，有关名教与自然问题的看法，认为名教本于自然，名教的衰败是由于只注重形式的缘故，"崇仁义，愈致斯伪"。因此必须抓住根本来维护纲常名教，这个根本就是"无""无名"或"道"。此外，何晏还讨论了圣人有情、无情的问题，他认为圣人"无情而有性"，他们没有喜怒哀乐，他还把人之情与自然联系起来，认为人们有情、无情是一种自然的表现。

总之，何晏是正始时期清谈的领袖人物，是魏晋以下玄学风气的开创者，是"贵无论"的首倡者。他的理论主张突破了两汉以来宇宙本原论的框架，为世间万物建立了新的本体论，那就是"无"，所谓"无也者，开物成务，无往而不存者也"。

王弼，字辅嗣，山阳高平（今山东

金乡）人。正始十年（249 年），他因疾病而死，年仅 24 岁。然而他却是我国古代思想史上一个划时代的人物，是整个魏晋时期玄学理论领域中最有代表性的人物。当时谈玄，何晏是由于其政治地位才成为领袖，而王弼则是真正玄学理论上的领袖。《世说新语·文学》六记载："何晏为吏部尚书，有位望，时谈客盈座。王弼未弱冠，往见之。晏闻弼名，因条向者胜理语弼曰：'此理仆以为极，可得复难不？'弼便作难，一坐人便以为屈。于是弼自为客主数番，皆一坐所不及。"可见，只要王弼出现，谈玄理论的真正领袖就显而易见了。《世说新语·文学》七说："何平叔注《老子》，始成，诣王辅嗣，见王注精奇，乃神伏曰：'若斯人，可与论天人之际矣！'因以所注为《道德二论》。"《晋书·陆云传》记载了这样一段传说："初，云常行，逗宿故人家，夜暗迷路，莫知所从。忽望草中有火光，于是趣之。至一家，便寄宿，

见一少年，美风姿，共谈《老子》，辞致深远。向晓辞去，行十数里，至故人家，云此数十里中无人居，云意始悟。却寻昨宿处，乃王弼冢。云本无玄学，自此谈《老》殊进。"说陆云受到王弼幽灵的点化而崇尚玄学。

王弼年龄不大，但却是玄学思想理论家中的奇才，他能言善辩，谈论起玄理来滔滔不绝，但不善事功，无意走仕进之路。正始年间，他与裴徽之间有过一场玄学清谈。当时"裴徽为吏部郎，弼未弱冠，往造焉。徽一见而异之，问弼曰：'夫无者诚万物之所资也，然圣人莫肯致言，而老子申之无已者何？'弼曰：'圣人体无，无又不可以训，故不说也。老子是有者也，故恒言无所不足。'"（陈寿《三国志》）这里的圣人指孔子，表面上王弼是说孔子对"无"已经完全体认了，而老子还尚未达到"体无"境界，所以，孔子不说"无"，老子则总在谈"无"。

实质上这是在说，对"无"的理解体会，孔子并没有作过什么贡献，真正提出"无"、讨论"无"、探索"无"的是老子，所以他就这样巧妙地把老子凌驾于孔子之上，打扮成道家的圣人，玄学的宗师。因而成功地调解了儒道之间孰高孰低的矛盾，为玄学的发展争得了合理的地位。

"朴，真也。真散则百行出，殊类生，若器也。圣人因其分散，故为之立官长。以善为师，不善为资，移风易俗，复始归于一也。故大制不割。大制者，以天下之心为心，故无割也"（《老子》二十八章注）。"始制，谓朴散始为官长之时也。始制官长，不可不立名分以定尊卑，故始制有名也"（《老子》三十二章注）。

在王弼看来，世间万物和人类社会都是按照"道朴散为器"的自然规律形成的，"圣人因其分散，故为之立官长"，设立等级名分制度以定尊卑，以维持一

定的社会秩序，但是真正最理想、最完善的社会政治应该是"以天下之心为心"的无为而治，因此必须遵循"以无为本"的原则"崇本息末"，否则就会破坏和谐的社会秩序。其又在《恒卦·象辞》注中说："刚尊柔卑，得其序也。长阳长阴，能相成也。动无违也。不孤媲也。皆可久之道。道得所久，则常通无咎而利正也。得其所久，故不已也。得其常道，故终

则复始，往无穷极。"可见他认为刚柔尊
卑、天地阴阳等都是自然而然的，都是
遵循着一定的"道"，即规律原则的，那
么人们只有遵循常道、无违常道，万事
万物才能"终则复始，往无穷极"，社会
才能延续发展下去。

王弼的重要著作有《老子注》《老子
指略》《周易注》《周易略例》。《老子
指略》原文已佚，就残存的部分书稿看，

其主要观点是认为若把某种一定的事物当做世界的始基，就不能说明世界的多样性，所以"有"不能成为世界统一性的基础，因此要以"无"为本。

王弼在这些著作中，讨论了许多重要的哲学问题，丰富了我国哲学思想体系中的内容。可以看出他的哲学是要直探现象世界背后的本质，希望能从某种具体的事物形态之外去找寻世界统一性的原理。其主要范畴是讨论五个方面的

理论问题：

第一，本末有无的关系问题，即本体论世界观的范畴。"本末有无"是魏晋玄学思想中最根本的也是最需要辨明的问题，道家的本是虚无，其作用是以自然为用，但王弼所论述的"无"并不是虚无，而是一种客观实际存在的东西，不过其是一种无形的存在。关于玄学理论的基石——"以无为本"，虽不是由王弼提出的，但他对此做出深入系统的论述。他在其玄学理论注本中反复论证他的"贵无论"，他说："天下之物，皆以有为生。有之所始，以无为本，将欲全有，必反于无也。"又说："万物万形，其归一也，何由致一，由于无也。"可见，他虽认为宇宙万事万物的具体存在表现为"有"，但是万事万物的根源和本体却是"无"，是作为世界本性的"道"，是"寂然无体，不可为象"的，道无名，但又无所不在，一切事物都依赖于道才得以

产生。

第二，动与静的关系问题，属于哲学思想上的运动观的范畴。王弼强调"本静末动"，他认为宇宙万物的本体是永恒的，寂静不动的，而动是相对的，是物质现象世界的东西。

第三，言与意的关系问题，属于认识论与方法论的范围。关于言意之辩，王弼具体提出了两个命题："得意忘象"和"得象忘言"。这两个理论的提出，对文学创作和文学鉴赏产生了重大的影响。

第四，他还同何晏一样讨论了圣人的有情无情，与何晏不同的是，他认为圣人都是"以性统情"的，他认为"圣人茂于人者神明也，同于人者五情也。神明茂，故能体冲和以通无；五情同，故不能无哀乐以应物。然则圣人之情，应物而无累于物也"（何邵《王弼传》）。他认为圣人也有同于常人的喜怒哀乐之情，他之所以高于常人是由于他的精神决定的。人的感情出于自然，是自然真性的表现，与礼法观念无关。

第五，关于玄学理论最根本的问题——自然与名教的关系问题，即玄理哲学与政治伦理的关系问题，王弼与何晏一样，强调名教本于自然，自然为本，名教为末，自然是名教之本，名教是自然的必然表现，二者并不矛盾。他虽然认为名教出于自然，但名教本身也不能被否定，《老子》里有一句"始制有

名",他将名解释为"名分",认为"始制官长,不可不立名分以定尊卑"(《老子注》三十二章)。他的《周易注》中的"家人"卦注:"居于尊位,而明于家道,则下莫不化矣。父父、子子、兄兄、弟弟、夫夫、妇妇,六亲和睦,交相爱乐,而家道正。正家而天下定矣。"可见王弼是承认名教在封建礼法社会中的重大作用的,不过,他所承认的名教是建立在自然的基础之上的,而不是当时虚伪的徒具外表的名教。他对社会中真名教的不存,假名教的泛滥痛心疾首,他在《老子指略》中批评这种现象,说:"父子兄弟,怀情失直,孝不任诚,慈不任实,盖显名行之所招也。"又说:"患俗薄而名兴行,崇仁义,愈致斯伪。"所谓"任诚""任实"就是指顺自然,他认为当时社会的父子兄弟之间已经失去了自然的孝悌观念,人们之间存在着的只是伪名教下的伪孝、伪慈,对仁义的崇奉只是虚伪的表面行为。因此他主张把名教引向自然，仁义礼孝之念并不在于表面上如何遵守各种礼仪形式，而在于自然的发自内心的真爱之情。他认为礼法只是一种表面的行为显示，是由外加上去的一种伪，但他并非反对礼，而是寻求那种发自内心的真正礼治。他认为唯有去掉这种外在的、虚伪的礼法的约束，才能达到礼法背后所要达到的真正道德。

关于当时社会现实中的诸种问题，他要求统治者能"以无为为君，以不言为教"，这样长短、高下、尊卑自然就会各有定分。因此，在上的最高统治者只要做到以清静无为为上，设立官位，定好职务，一切就会顺其自然地运行发展，社会就会和谐进步。可见王弼认为提倡名教的儒家与崇尚无为而治的道家并不矛盾，而是互为表里的。

"王弼在玄学理论上的贡献是巨大的，他创立并系统地阐述了'以无为本''以

无全有''崇本息末'的玄学本体论思想，在他的《周易注》和《周易略例》中，他提出并系统阐述了'得象忘言''得意忘象'和'以一纵多''以简驭繁'等等众多方法论思想。"（卢盛江《魏晋玄学与中国文学》）总之，虽然何晏开辟了正始玄学，但是直到王弼这里，才形成了一个完整的理论体系。他从"以无为本"对本末、体用、一多、名教与自然等概念进行了新的解释，他开创的玄学，不仅为儒道融合开辟了道路，而且也为中国传统文化与外来的佛教文化的融合开辟了道路。

3."越名教而任自然"的理论主张

正始十年（249 年），何晏被杀，王弼因痢疾而死。曹魏政权也渐渐旁落到儒学世家大族司马氏之手，这个集团为了巩固其所抢夺来的政权，重又提倡儒家的名教之治，试图以传统儒学来拉拢人心，建立统治地位。因此他们提出了"以孝治天下"的口号，而实质上是为其篡夺政权找理由，其名教的虚伪性为一些正直士人所不齿。于是，出现了一批政治上不愿与司马氏合作的人物，其典型代表就是嵇康与阮籍。

嵇康，字叔夜，幼年丧父，由母亲和哥哥抚养长大。20 岁时开始隐居河内

郡山阳县（今河南修武县），后与曹氏之女结姻，拜中散大夫，世称"嵇中散"。陈寿《三国志》记载他"家世儒学，少有俊才，旷达不群，高亮任性，不修名誉，宽简有大量，学不师授，博洽多闻，长而好老、庄之业，恬静无欲"。"康居河内之山阳县，与之游者，未尝见其喜愠之色。与陈留阮籍、河内山涛、河南向秀、籍兄子咸、琅琊王戎、沛人刘伶相与友善，游于竹林，号为七贤"。司马氏集团当政后，开始诛杀异党，并滥杀名士。当时许多名士都不得不违心地与司马氏合作，与嵇康并称为"竹林七贤"的山涛、王戎等都投靠了司马氏集团，就连阮籍也不得不出仕，可嵇康却始终矢志不移，坚持隐居不出。景元二年（261年），吏部侍郎山涛荣迁，推举嵇康担任自己现在的职务，嵇康愤然地拒绝了，并且写下了著名的《与山巨源绝交书》。后来，司马氏统治者找借口把嵇康下狱了，当时数千太学生为嵇康请愿，请求让嵇康做他们的老师，可统治者害怕嵇康会散布不利于他们统治的言论，最终将其杀害了。嵇康在临刑前，还回头去看日影，并且索琴弹奏了一场《广陵散》，从容赴死。

与何晏、王弼不同，嵇康和阮籍完全把自然和名教对立起来，追求自然，反对名教。

嵇康著有《声无哀乐论》《养生论》《释私论》《答难养生论》等。其在著作

里主要阐述了以下几点内容：声无哀乐论，嵇康认为声音和人的感情是两种不同的事物，音乐之声所发出的只是某种客观的音调，它不含有哀乐的感情，哀乐则出于人的内心，完全是主观的；明胆论，"元气陶铄，众生禀焉"。嵇康认为天地之万物都是禀受元气而产生的，人性的善恶和才能，是由先天禀赋的气质决定的，是先天自然而然的，是一种自性，由于人的先天禀赋有所不同，有多有少，所以人的才性有昏有明，有多有寡，才性两者截然不同。有关自然与名教的关系，嵇康提出了"越名教而任自然"的著名玄学理论命题，这是其在玄学理论领域的重要贡献。在社会政治观点上，嵇康主张"越名教而任自然"。他说："情不系于所欲，故能审贵贱而通物情。物情顺通，故大道无违。"（《释私论》）他鼓吹君道无为，君道自然，"古之王者，承天理物，必崇简易之教，御无为之治。

君静于上，臣顺于下；玄化潜通，天人交泰。"（《声无哀乐论》）他反对名教，对儒家经典抱蔑视态度，声称"向之不学，未必为长夜；《六经》未必为太阳"（《难自然好学论》）。

他以非凡的气魄和勇敢，直言不讳地批判儒家的名教礼法，他说他自己是"每非汤武而薄周孔"，对千百年来封建社会人们心中的名教圣人明确地表示鄙视。商汤王、周武王、周公与孔子，这

些可以说是千百年来一直被人们所遵奉的儒家思想的奠基人，在嵇康这里全部被否定了。他针对当时司马氏集团用以篡权的儒家名教工具，尖锐地进行批判，他认为人们之间本是无虚无伪的，正因为名教的出现，人们才丧失了自然天真的本性，于是虚伪狡诈、伪善欺人之事才会屡屡发生。他指出儒家经典所宣扬的礼法名教，司马氏所提倡的以孝治天下，本身就是束缚人性，违反自然，甚至是社会上一切伪善、欺诈等种种丑恶现象的根源。因此人们不应为儒家名教礼法所拘，而应该去求得精神上的自由，去追求思想上的无拘无束，那就是"越

名教而任自然"。

　　嵇康认为名教不但不出于自然，而且是自然的对立物，他公开提出要冲破名教、礼法的束缚，建立一个君静于上，臣顺于下的理想社会。但嵇康并未完全摆脱名教的束缚，相反，在他的内心里，是希望恢复儒家的名教礼治的，不过在当时黑暗的社会现实下，他所看到的仅仅是虚伪的礼教，是被当权者亵渎了的礼教，是完全不符合自然本真的礼教，而他对此又无可奈何，因此愤而不平，转而攻击礼教，号召人们回归自然，修身养性。"息徒兰圃，秣马华山。流磻平皋，垂纶长川。目送归鸿，手挥五弦。俯仰自得，游心太玄！"（《兄秀才公穆入军赠诗》十九首之十五）"琴诗自乐，远游可珍。含道独往，弃智遗身。寂乎无累，何求于人？长寄灵岳，怡志养神。"（《兄秀才公穆入军赠诗》十九首之十八）可见嵇康在对现实愤而不平之后，开始走向了老

庄，追求一种自由自在、闲适愉悦、与自然相亲、心与道冥的理想人生。现实社会中存在着种种束缚和障碍，在嵇康看来，名教礼法就是最肮脏的伪饰，是达到理想人生境界的最大障碍，只有"越名教"才能"任自然"，所以，他强烈地反对名教，希望人们可以摆脱世俗的羁绊和礼法的束缚。汉末魏晋以来逐渐觉醒的个体人格价值在他的身上得到了最完美的体现，他以极度张扬的个性、以生命坚守的自我彻底超越了名教，以自己的人生实践了"越名教而任自然"，树立了一个鲜明的自我形象。高洁的操守，凛然的气节，深邃的思想，不违心、不匿情的自由个性，"爽朗清举"的风姿，使这个形象具备了理想名士的一切要素，充满了人格魅力。临刑时，"顾视日影，索琴弹之"的洒脱超然，更是为这个几近完美的形象画上了最辉煌绚丽的一笔。嵇康在当时影响极大，不仅是竹林集团的精神领袖，在竹林之外也备受尊崇。

嵇康在玄学理论领域的贡献就在于提出了"越名教而任自然"的重要命题，第一次直言不讳地揭露并批判维护封建统治的名教礼法，第一次把庄子的处世哲学运用于现实生活。他用自己的行动证明了自己的处世理论，塑造了高洁的玄学品格，为后人树立起一座丰碑。

阮籍，字嗣宗，陈留尉氏（今河南尉氏）人，其父阮瑀为建安七子之一。少年时的阮籍是一个很有抱负的青年，后来他看到了社会的混乱，当权者之间的倾轧，人生信条开始改变，慢慢养成了喜怒不形于色，口不臧否时弊的性格。史载"籍本有济世志，属魏晋之际，天下多故，名士少有全者，籍由是不与世

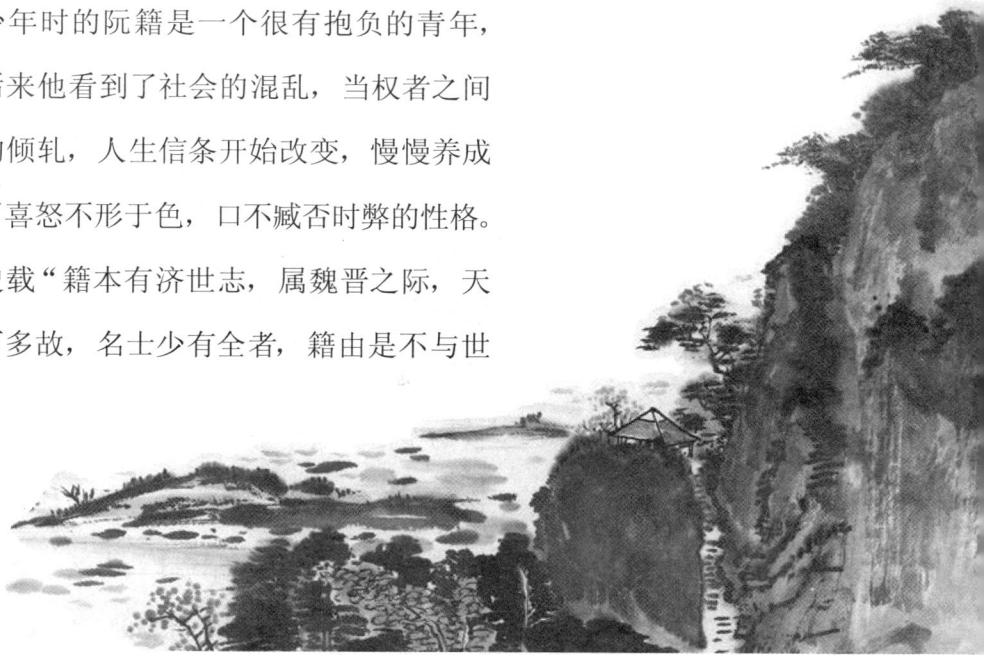

事，遂酣饮为常"。他崇尚老庄、不拘礼法，"喜怒不形于色"，而性至慎，口不论人过。司马昭欲为其子求婚于籍，"籍醉六十日，不得言而止。钟会数以时事问之，欲因其可否而致之罪，皆以酣醉获免"（房玄龄《晋书》）。正是由于他的佯狂与装醉以及不谈论时事的态度，才使他得以远离政治纷争，但是他内心的政治倾向是很明确的，他反对司马氏政权的统治，对于当局的征召只能一次次推托不就。然而最后也不得不出仕，先为司马师从事中郎，后封关内侯，徙散骑常侍，再为司马昭从事中郎。53岁时，求为步兵校尉，当年嵇康由于不与司马氏合作被杀，次年阮籍也郁郁而终，世称"阮步兵"。

阮籍为人旷达不羁，飘逸出尘，不为礼俗所拘，但是他很孝顺。史载其"母终，正与人围棋，对者求止，籍留与决赌。既而饮酒二斗，举声一号，吐血数升。及将葬，食一蒸肫，饮二斗酒，然后临诀，直言穷矣，举声一号，因又吐血数升，毁瘠骨立，殆致灭性。裴楷往吊之，籍散发箕踞，醉而直视，楷吊唁毕便去。或问楷：'凡吊者，主哭，客乃

为礼。籍既不哭，君何为哭？'楷曰：'阮籍既方外之士，故不崇礼典。我俗中之士，故以礼仪自居。'"（房玄龄《晋书》）阮籍崇尚自然，最鄙视那些虚伪礼法之士，史称："籍又能为青白眼，见礼俗之士，以白眼对之。及嵇喜来吊，籍作白眼，喜不择而退。喜弟康闻之，乃赍酒挟琴造焉，籍大悦，乃见青眼。由是礼法之士疾之若仇。"在《大人先生传》中，他诅咒礼法之士如虱处裤中，"行不敢离缝际，动不敢出裤档，若遇火烤便难逃一死"。可见其对虚伪做作的礼法之士的厌恶程度。

与嵇康不同，阮籍虽然也批判名教，但却温和得多，而且他并不是一开始就否定名教的，在他的理论体系中，更多的是逐渐调和名教与自然的关系。阮籍的重要著作有《乐论》《通易论》《通老论》《达生论》。阮籍的早期思想是儒家的，后来才开始慢慢向道家转化。他的前三部著作的基本思想还是肯定名教的，只不过是把儒家的名教纳入到道家的自然范畴之内，是在自然的基础上肯定名教，他相信名教和自然是可以统一的。他说："礼逾其制，则尊卑乖；乐失其序，则亲疏乱。礼定其象，乐平其心；礼治其外，乐化其内。礼乐正而天下平。"（《乐论》）他承认上下、君臣、贵贱之别，推崇圣王制礼作乐之功。不过他认为当时的"君子"是虚伪的，所以愤怒谴责"汝君子之礼法，诚天下残贼乱危死亡之术耳！而乃目以为美行不易之道，不亦过乎！"（《大人先生传》）后来思想转变后，

他开始逐渐向庄子靠近，开始把庄子的理论引入其玄学思想体系内，通过探讨庄子的自然哲学、宇宙哲学进而上升到庄子所谓的"人生无何有"的境界。他向往庄子，在《达生篇》中，他论天地万物自然一体，说："天地生于自然，万物生于天地。自然者无外，故天地名焉。天地者有内，故万物生焉。"整个世界"自其异者视之"，是千差万别的，"自其同者视之，则万物一体也"。正是千差万别的事物，互相贯通，才构成了一个和谐的整体，并处在不断地运动变化之中。阮籍以庄子的哲学处理世务，在现实生活中不拘礼法，适性逍遥，从而不仅在理论上发挥了庄子的处世哲学，而且亲自进行实践，从庄子的哲学中寻求解决现实人生苦恼的生活方式。

他在《通老论》里说："圣人明于天人之理，达于自然之分，通于治化之体，审于大慎之训。故君臣垂拱，完太素之朴；

百姓熙怡，保性命之和。道者法自然而
为化，侯王若能守之，万物将自化。《易》
谓之太极，《春秋》谓之元，老子谓之
道。"我们可以看出，这时候的阮籍，还
是明显具有儒家的思想倾向的，在他的
眼里儒家圣人是存在的，并且能够明天
人之理、达自然之分、通治化之体、审
大慎之训。不过他又认为儒道是合一的，
"太极""元""道"三者是一体的，假
若世间君王能够守道法自然，则万物万
事就会按照固有的秩序运行，各安其命。
法自然之道，无论在儒还是在道，只是
称谓不同，或曰太极，或谓元，或称道，
其含义一也。

　　不过后来阮籍的思想完全转为道

家，现实社会虚伪的名教礼治关系，使他极为厌恶。无论是曹魏执政，抑或是司马氏当权，都是用尽奸诈权术而得来的"禅让"。他在《大人先生传》中，描绘了古今两种社会，通过对今昔两种社会的强烈对比，他对有为之名教社会进行了深刻的批判，希望人们能够超越现实之名教社会，追求合乎自然的名教。

在《达生论》中，阮籍进一步指出，儒家名教不过是"一曲之说"，已经被歪曲的名教只能使"父父子子、君君臣臣"这种儒家伦理纲常秩序彻底崩溃，一切存在表面的礼法现象都是虚伪的，恪守这种假名教，只会使人们争名逐利，互

相欺诈，"亡家之子""乱国之臣""昏世之士""贪冒之民"也就全都出现了，自然与名教已经不可调和。人们的自然之性已经被现实社会中的名教礼法磨灭殆尽，因此他也开始走向嵇康的"越名教而任自然"，走向愤世嫉俗。但是阮籍对于名教与自然的关系，在内心里还是趋向于折衷名教与自然的，阮籍反对虚伪的名教而崇尚自然。阮籍也和嵇康一样，鄙弃名教，但他并不主张真正废弃名教，在他内心是要维护真正的名教。他崇尚自然，却不愿完全放弃名教，说明他的名教与自然调和的折衷思想。

阮籍的思想，是逐渐由儒而老再到庄的，他能将庄子的逍遥思想消化，并成功地运用于现实生活中，他对其所处的时代和自身地位的认识都很透彻，面对当时的黑暗政治，他只能以每日酣饮和故作佯狂来明哲保身。

4."玄学即自然"的理论观点

此派代表人物为向秀和郭象。在当时玄学理论领域中占统治地位的主要思想"越名教而任自然"越来越行不通的时候，他们开始重新寻求对名教的皈依，这是历史的必然。毕竟"越名教而任自然"不是每个人都能做到的，是需要一种超越于世俗的高洁人格的。

向秀，字子期，河内（今河南武陟）人，早年曾和嵇康、吕安等人意气相投，为至交好友，常常一起打炼铁器，浇灌菜园，饮酒游乐。"秀字子期，河内人。少为同郡山涛所知，又与谯国嵇康、东平吕安友善，并有拔俗之韵，其进止无不同，而造事营生，业亦不异。常与嵇康偶锻于洛邑，与吕安灌园于山阳，不虑家之有无，外物不足怫其心"（余嘉锡《世说新语笺疏》）。后来，嵇康、吕安被杀，向秀开始改节出山，投靠司马氏政权，做过黄门侍郎和散骑常侍。西晋时期，向秀参与了当时的朋党之争，他所依附的一方在党争中失败，他也就失去了政治依靠，"在朝不任职，容迹而已"。他性格沉静、喜好读书，没有嵇康的峻直傲世。精通《庄子》，所作之注非常精妙，令"读之者无不超然，若己出尘埃而窥绝冥，始了视听之表。有神德玄哲，能遗天下，外万物"，可谓深得其中三昧。但他在玄学思想上又不像嵇康那样近乎偏激地坚持越名教而任自然，也没有阮籍那样的放诞悖礼之举，而是以一种随遇而安的恬静和达观面对现实生活。

向秀的主要著作有《庄子注》《难养生论》。《庄子注》今已不存，不过我们还可以从其他材料上看到其一部分内容。

向秀的思想集中表现了竹林时期向西晋思想的转变，这时的司马氏已经正式确立了西晋政权。而嵇康和阮籍所提

倡的"越名教而任自然"必定不为其所容。向秀最终顺从了名教，投靠了司马氏政权，并且试图用玄学理论重新论证自然与名教的关系。他强调"顺欲称情"的自然养生论，认为"万物自生"，天地间的一切都应当自顺其性，各当其分。他改节投靠司马氏，受到人们的讥笑，他也不以为意，甚至自我解嘲，他这种天地万物自任其性的说法，显然并不是庄子哲学中的"自然"，而是把自然纳入到名教理论下加以吸收、融化，试图创造出一种名教自然论。

郭象，字子玄，河南南阳人。其生平事迹不详，其主要活动在西晋中后期，做过豫州长史、黄门侍郎，后来又为东海王司马越主簿，史称他"为人薄行""任事用势"，为人品格很差，不过极有辩才，王衍说，听郭象谈辩，"如悬河泻水，注而不竭"。

郭象在向秀《庄子注》的基础上"述

而广之"，使"儒墨之迹见鄙，道家之言遂盛"（房玄龄《晋书》）。他在《逍遥游注》中提出："圣人虽在庙堂之上，然其心无异于山林之中。"标榜世族地主既可占据高位，享乐安逸，又可清谈玄虚，附庸风雅，因此他的学说很为当时的统治阶级看重。并且在现实生活中，他们就是如此实践的。如当时清谈派的领袖，琅琊大族王衍，身居高位，不理政事，"妙善玄言，唯谈《老》《庄》为事。每捉玉柄麈尾，与手同色。义理有所不安，随即改更，世号'口中雌黄'。朝野翕然，谓之'一世龙门'"。在其影响下"矜高浮诞，遂成风俗"。永嘉之乱时，王衍被石勒所俘，居然厚颜无耻，"自说少不豫事，欲求自免，因劝勒称尊号"。石勒怒而"使人夜排墙填杀之"。王衍临死，才懊悔地说："向若不祖尚浮虚，戮力以匡天下，犹可不至今日。"

郭象的重要著作为《庄子注》。其

《庄子序》云："上知造物无物，下知有物之自造也。"在其著作里，郭象主要表达了以下几点关于玄学理论的核心思想：其一，万物独化论。郭象在本体论上提出了"无待而独化说"，他认为宇宙中的万事万物都是"块然而自生的"，并没有一个"无"本体，无就是什么都没有，因此并不能化生万物。万事万物都是自生的，它之所以存在，是其自然如此的，而不是由什么化生的。其二，独化于玄冥。郭象在认识论上主张不可知论，提出了"玄冥之境"这一重要命题，他认为万物之始是冥然自合的，每一事物之所以产生是自然而独化于玄冥深远暗合之中，是一种似无非无的境界，是谁也没法了解的。其三，足性逍遥说。他说"宏内游外"，认为人们在现实生活中应适性称情，游外冥内。以此达到一种"内圣外王"的境界。所谓内圣，就是内心物我两忘，超然一切，逍遥自在，与物冥化；

所谓外王，就是行王道，积极地参与世物，追求高官厚禄。依郭象看来，圣人的内圣与外王是合二为一的，圣人虽忙于外物，但心理淡然自若，逍遥自得，内心清静。其四，名教即自然。郭象正式提出"名教即自然"这一玄学命题，认为自然是万事万象的本性，名教本身也是自然的。社会中的一切政治制度，伦理规范，现实社会中君臣上下等级的名分，本身就是出于一种自性，是天生如此，合情合理的，那么既然是再自然不过的事，只要人人安分守己，就可以得其真性情了。郭象认为道家与儒家，自然与名教是可以合二为一的，因此得出了"名教即自然"的结论。

郭象提出"独化于玄冥之境"的命题，得出"名教即自然"的结论，从理论上统一了"名教"和"自然"的矛盾，用其理论肯定了现存名教的合理性，把玄学理论推向了顶峰，为士族门阀的统治提

供了完备的理论依据，肯定了当时士人纵情生活的合理性。他说："世或谓罔两待景，景待形，形待造物者。请问夫造物者有邪？无邪？无也，则胡能造物哉？有也，则不足以物众形。故明众形之自物而后始可与言造物耳。是以涉有物之域，虽复罔两，未有不独化于玄冥者也。"（《庄子·齐物论注》）既然自然万物是"独化于玄冥"，是自然而生的，是本来如此的，是依照自我的本性的，那么名教也是自生、自足、独化的。如名教学说之一：父父子子、君君臣臣的纲常问题，他认为谁为君，谁为臣，谁为父，谁为子，都是由天性决定的，人们的贵贱等级之所以不同是本来就如此的，是天经地义的。他说："君臣上下，手足外内，乃天理自然。"（《庄子·齐物论注》）作为圣人，就能做到名教与自然的合一，他说："夫理有至极，外内相冥，未有极游外之致而不冥于内者也，未有能冥于内而不游于外者也。故至人常游外以冥内，无心以顺有，故虽终日挥形而神气无变，俯仰万机而淡然自若。"(《大宗师注》)这就是圣人，对外他们能顺应名教，对内他们又能合于自然。"游外以冥内，无心以顺有"，统治者费尽心机实行礼法名教，却又表现为恬淡自若，使被统治者满足于现状，不做任何反抗。这就是他们所提倡的玄学理论。

郭象的玄学理论是比较具有逻辑性的，它试图建立一个严密的逻辑体系来论证他的学说的合理性。他以反对"无中生有说"为起点，而提出"自生无待说"，进而由"自生无待说"推至"独化相因说"，并由"独化相因说"导出"足性逍遥说"，并以之为中间环节，最后由"足性逍遥说"得出"宏内游外"，即"名教与自然合一说"，以为其是哲学的最后归宿。

郭象以"有"作为万物存在的根据，又主张物各自生、自为，而自为就是自然

无为，这就调和了崇有与无为的矛盾。

此外，这一时期的代表人物还有裴頠，其重要著作为《崇有论》，表明其关于本末有无的思想观点倾向为崇有。他提出"以有为本"，倾向于以儒释道。他认为世界的根本是"有"，而不是虚无，他排斥"无"作为万物本体的永恒和绝对性，肯定了万有的真实存在。在哲学上裴頠的崇有论，是先秦以来关于物质概念认识的深化，在当时有积极意义，不过其理论不够严密，并且与西晋整个社会思潮的走向不一致，因此他的理论在当时并没有产生实际影响。

至此魏晋玄学由何晏、王弼提出的"名教本于自然"出发，而达于郭象"名教即自然"的统一，终于完成它为现实政治的论证，其最终仍然没有摆脱现实社会的束缚，而成为司马氏集团维护统治秩序的有效理论依据，扮演着帝王师的角色，即君主仍扮演着领袖哲学的思想独断角色。

从王弼到郭象，对名教与自然关系的认识大不相同，不过都强调要从自然的角度认识名教，用超现实的自然来解释现实的名教。他们论自然与名教都是从社会现实政治出发，他们的玄学理论所要解决的也是现实社会中的问题，不过在具体论述中，玄学家们更多关注的是人生价值的实现和理想人格的追求，在污浊的现实社会名教之下，如何才能实现自我的人生价值？如何才能塑造自我的理想人格？如何才能做到精神上的自由？如何陶铸人的灵魂……这些问题在他们的论述中往往上升到主要层面，成为其主要阐发的玄学理论问题。

四、东晋时期的玄学

东晋时期的玄学开始与佛家学说结合，逐步走向了玄释合流，在理论上已经没有什么大的建树，主要沿袭正始以及西晋时期的玄学思想，同时又吸收佛家的理论思想，以维持其越来越枯燥的理论生命。玄学在思想领域为佛学的中国化提供了有利的思想条件，这时期的玄学已逐渐脱离了其与现实政治的关系，而仅仅作为士大夫们精神修养的理论说明。东晋时期的名士们往往都善于

谈"玄",并且是否善于谈"玄"已经成为当时区分士人雅俗的标准,玄学中虚而又虚的思想境界成为他们的一种精神向往。他们主张"心夷体闲",追求内心的虚空灵动,既享受现实中优裕的物质生活,又追求精神的高远之致,崇尚高雅的生活情趣,无论在朝在野,只求适意而已,以幽雅从容的风度,过着风流潇洒的生活。

东晋时期的玄学代表人物为僧肇,著有《肇论》,主要阐述了万物是既有又无,有无双生而并存的。东晋时期的玄学,主要特点为大量佛学理论的渗透,对于后世禅宗的产生具有重大的作用。此外张湛也是东晋时期玄学思想的代表,不过其在玄学理论上已经没有什么大的建树。

张湛,字处度,高平(今山东巨野南)人。据考证,张湛做过镇军司马,孝武帝时以中书侍郎致仕。他为《列子》做过注，据说也为《庄子》《文子》做过注，但都没有流传下来。此外，据《隋书·经籍志》记载，张湛还著有《养生要集》十卷。其在玄学理论上没有什么建树，不过却在"贵虚"理论上进一步提出了自己的见识，主张"心夷体闲"，寻求内心的虚灵，空寂，既不放弃富裕悠闲的物质生活，又追求精神修养的高远之致，这正好为东晋士人优雅卒岁的生活情趣作了最好的理论说明。

至此，魏晋玄学从何晏发端而归于张湛，终于完成了其整个玄学理论大厦的建构。其中玄学"三大派"有关名教与自然的看法，深深影响了后世中国文人的生活态度与处事原则，玄学理论家们的亲身实践为他们提供了各种各样的生活样本。总之，魏晋玄学作为一种"玄而又玄"的哲学，是一门思想成分极为丰富的学问，它将儒释道三家紧密结合起来，在中国学术思想史上产生了极其

深远的影响，并且对中国以后封建社会中士人们的政治人生选择，以及文学的发展具有重大影响。可以说，玄学直接引导了文学自觉时代的到来，使文学创作日趋自觉化与个性化，并且促进了士人们积极追求自由、寻得个性解放的觉醒精神。"魏晋风度"成为后世人们所向往的一种精神人格，对自然的追求以及自身生命的展示与体认的自由意识由此肇端。